## DIESES BUCH IST EIN GESCHENK

für _____ von _____

Titel der italienischen Originalausgabe:
„Ecco il dono di Gesù. Il racconto della Messa"
© Edizioni San Paolo s.r.l. – Cinisello Balsamo (MI)

Mitglied der Verlagsgruppe „engagement"

Bibliografische Information Der Deutschen Nationalbibliothek
Die Deutsche Nationalbibliothek verzeichnet diese Publikation in der Deutschen
Nationalbibliografie; detaillierte bibliografische Daten sind im Internet über
http://dnb.d-nb.de abrufbar.

© 2012 Verlagsanstalt Tyrolia, Innsbruck
Idee, Texte, Grafik und Layout: Laura Salvi
Übersetzung und Bearbeitung: Nora Loidl und Gottfried Kompatscher
Druck und Bindung: FINIDR (CZ)
ISBN 978-3-7022-3160-6
E-Mail: buchverlag@tyrolia.at
Internet: www.tyrolia-verlag.at

Laura Salvi

# Das große Geschenk

Die heilige Messe für
Erstkommunion-Kinder erklärt

Tyrolia-Verlag · Innsbruck-Wien

# MEINE ERSTKOMMUNION

Ich heiße

..............................

Mein/e Pate/Patin ist

..............................

Mein/e Religionslehrer/in ist

..............................

Meine Pfarre heißt

..............................

Mein Pfarrer heißt

..............................

Meine Erstkommunion habe ich

am .................. gefeiert.

Jesus sagt:
>>Wo zwei oder drei in meinem
Namen versammelt sind, da bin
ich mitten unter ihnen.<<
Matthäus, 18,20

HIER KANNST DU EIN FOTO
VON DEINER ERSTKOMMUNION
EINKLEBEN.

IN DIE HELLEN FELDER BEI DEN ÄRMELN
KANNST DU DIE NAMEN DEINER FREUNDE
AUS DER ERSTKOMMUNION-GRUPPE
SCHREIBEN.

# DAS GROSSE GESCHENK, DAS HIMMEL UND ERDE VEREINT

>> Selig, wer zum Hochzeitsmahl des Lammes eingeladen ist!<<
Offenbarung 19,9

## Zum Festmahl eingeladen

Jeden Sonntag treffen sich die Christen, um an einem Festmahl teilzunehmen. Sie sind **die Gäste und erhalten von Jesus sein größtes Geschenk.** Für dieses besondere Geschenk bedanken sich die Christen: EUCHARISTIE heißt Danke sagen.

Auch du bist eingeladen! Jesus erwartet dich und sagt zu dir: "**Iss davon: Das ist mein Leib ... Trink davon: Das ist mein Blut ... Tut dies zu meinem Gedächtnis.**" Jesus hat gleich neben sich einen Platz für dich freigehalten: Er möchte dich bei sich haben, weil du sein Freund bist.

Am Sonntag gedenken die Christen der Worte und Taten von Jesus. Was bedeutet gedenken? Es bedeutet, sich gegenseitig daran zu erinnern, **dass Jesus unter uns lebendig ist,** dass er uns liebt und uns zuruft: Habt keine Angst!

An Jesus zu denken, bedeutet auch, tief in sich zu spüren, dass Jesus ein treuer und zuverlässiger Freund ist. Er kennt alle Freuden und Schmerzen der Menschen und er versteht sie. **Jesus weiß, wer du bist, und versteht dich,** weil er selbst einmal ein Kind in deinem Alter gewesen ist.

# Das Geschenk entdecken

Die Einladung von Jesus zu seinem Festmahl beinhaltet ein GESCHENK. Es ist ein wirklich großes Geschenk, das dein Herz mit Freude erfüllen wird.

Jesus hat viele Geschenke gemacht. Einige davon sind für die Augen unsichtbar, **man sieht sie nur mit dem Herzen.** Das besondere Geschenk, das Jesus im Gottesdienst für dich bereithält, sind sein Leib und sein Blut. In Brot und Wein ist dieses Geschenk verborgen.

Es ist ein **Geschenk des Himmels und der Erde.** Es gleicht einer Leiter, die dich nach oben, ganz nah zu Gott bringt. Auf derselben Leiter steigt Jesus herunter, um dich zu treffen und um bei dir zu sein.

Dieses Buch möchte dir dabei helfen, Jesus' Geschenk zu entdecken. Es wird dir von dem sonntäglichen Festmahl, nämlich der MESSE, erzählen.

**Viele Menschen werden dich begleiten:** deine Eltern, deine Religionslehrer und die Leute in deiner Pfarrgemeinde. Sie alle werden dir helfen, dich zu öffnen, damit du Jesus in dein Herz aufnehmen kannst.

# Die geheimen Worte der Messe

Nicht jeder weiß, dass es im Gottesdienst auch geheime Worte gibt. Es handelt sich um **versteckte Botschaften,** die bei der Messe zwar nicht ausgesprochen werden, aber für die Eucharistiefeier von großer Bedeutung sind.

Die geheimen Worte der Messe stehen in der BIBEL. Es ist wichtig, sie zu kennen und sie im Herzen zu bewahren.

In diesem Buch wirst du diese geheimen Worte finden: Lies sie aufmerksam! Sie sind das Wort Gottes und werden dir helfen, Jesus' Geschenk freudig zu empfangen und mit ganzem Herzen zu beten.

# WIR GEHEN ZU JESUS

Jeden Sonntag treffen sich die Christen, um Jesus' zu gedenken. Auch wir verlassen mit unserer Familie das Haus, um in die Messe zu gehen. Wir sind nämlich auch zum Festmahl eingeladen.

**Die Christen sind Männer und Frauen, Buben und Mädchen, Großväter und Großmütter, die** in vielen verschiedenen Häusern leben. Manche sind reich, andere arm. Unter den Christen gibt es Kranke und Gesunde. Solche, die viel gelernt haben, und solche, die sich einfach nichts merken können. Manche, die arbeiten, und andere, die noch zur Schule gehen. Die einen fahren mit dem Auto, die anderen kommen mit dem Fahrrad.

Die Christen haben unterschiedliche Familiennamen, aber in ihren Herzen wissen sie, dass sie nur einen einzigen Vater im Himmel haben. Deshalb nennen sie sich auch **GESCHWISTER**.

Der Sonntag ist der Tag, den wir als Geschwister mit Jesus verbringen. **Auch Jesus ist unser Bruder.**

AUS ALLEN HIMMELSRICHTUNGEN KOMMEN WIR ZUSAMMEN

# Das Geschenk der Gemeinschaft

Es ist Sonntag: der Tag des Herrn, der Festtag, der Tag, der uns an Ostern und die Auferstehung von Jesus erinnert. Wir verlassen das Haus und machen uns auf den Weg in die Kirche, wo wir den Herrn treffen werden.

OST

SÜD

## IM GEHEIMEN

Als seine Jünger Jesus kennenlernten, fragten sie ihn, wo er denn wohne, um zu wissen, wo sie nach ihm suchen müssen. An welche Tür sie klopfen müssen, um ihn zu erreichen. Jesus nennt ihnen zwar keinen genauen Ort, aber er lädt sie ein, mit ihm mitzugehen.

Johannes 1,38-39

>>Meister, wo wohnst du?<< – >>Kommt und seht!<<

7

# WIR WERDEN EMPFANGEN

Die **KIRCHE** ist der Ort, wo sich die Christen treffen, um die **Erinnerung an Jesus zu feiern.** Für jeden gibt es eine Kirche, die er am Sonntag besuchen kann.

Eine Kirche wird aus Ziegeln und Beton gebaut. **Kirche ist aber auch der Name für die Christen,** die mit Jesus zusammenkommen. Die Kirche besteht aus allen, die im Namen des Vaters, des Sohnes und des Heiligen Geistes getauft wurden.

Die Kirche ist lebendig, weil sie aus Menschen besteht, die sich die Hände reichen. **Die Kirche ist eine Gemeinschaft von Geschwistern,** die von Jesus lernen, sich zu lieben und sich zu verzeihen. Die Kirche sind wir, unsere Familie, unsere Nachbarn.

In der Kirche aus Ziegeln und Beton findet die Kirche der Christen Schutz: Kleine wie Große werden hier empfangen.

# Das Geschenk der Gemeinschaft

Die Kirchentore sind weit geöffnet und auf dem Altar liegt bereits ein wunderschönes Tischtuch. Die Blumen und die brennenden Kerzen verbreiten eine festliche Stimmung: Alles ist für das Mahl von Jesus mit seinen Geschwistern bereit.

HIER LÄDT JESUS SEINE GESCHWISTER ZUM ABENDMAHL EIN

## IM GEHEIMEN

Jesus hat einen großen Wunsch: Er möchte gemeinsam mit uns essen. Deshalb erwartet er uns jeden Sonntag in der Kirche. Er wartet darauf, dass wir uns zu ihm setzen, um seine Worte zu hören, und will das Brot mit uns teilen.

>>Ich habe mich sehr danach gesehnt, dieses Paschamahl mit euch zu essen.<<

Lukas 22,15

9

# DAS KREUZ- ZEICHEN

Wenn man die Kirche betritt, macht man das **KREUZZEICHEN**. Mit dem Kreuzzeichen begrüßen die Christen Jesus und erinnern daran, dass er unter ihnen ist.

Während wir "**Im Namen des Vaters, des Sohnes und des Heiligen Geistes**" sagen, machen wir mit der rechten Hand das Kreuzzeichen auf unseren Körper. Wir sind nun bereit, Jesus persönlich zu begegnen.

Das Kreuzzeichen wiederholen alle gemeinsam am Beginn der Messe. Damit sagen wir: Wir sind glücklich, dass wir gemeinsam mit unserem Bruder Jesus ein Festmahl halten dürfen.

Die Feier beginnt mit einer Danksagung: "Danke, dass du uns heute hier in deinem Namen versammelt hast, im Namen des Vaters und des Sohnes und des Heiligen Geistes."

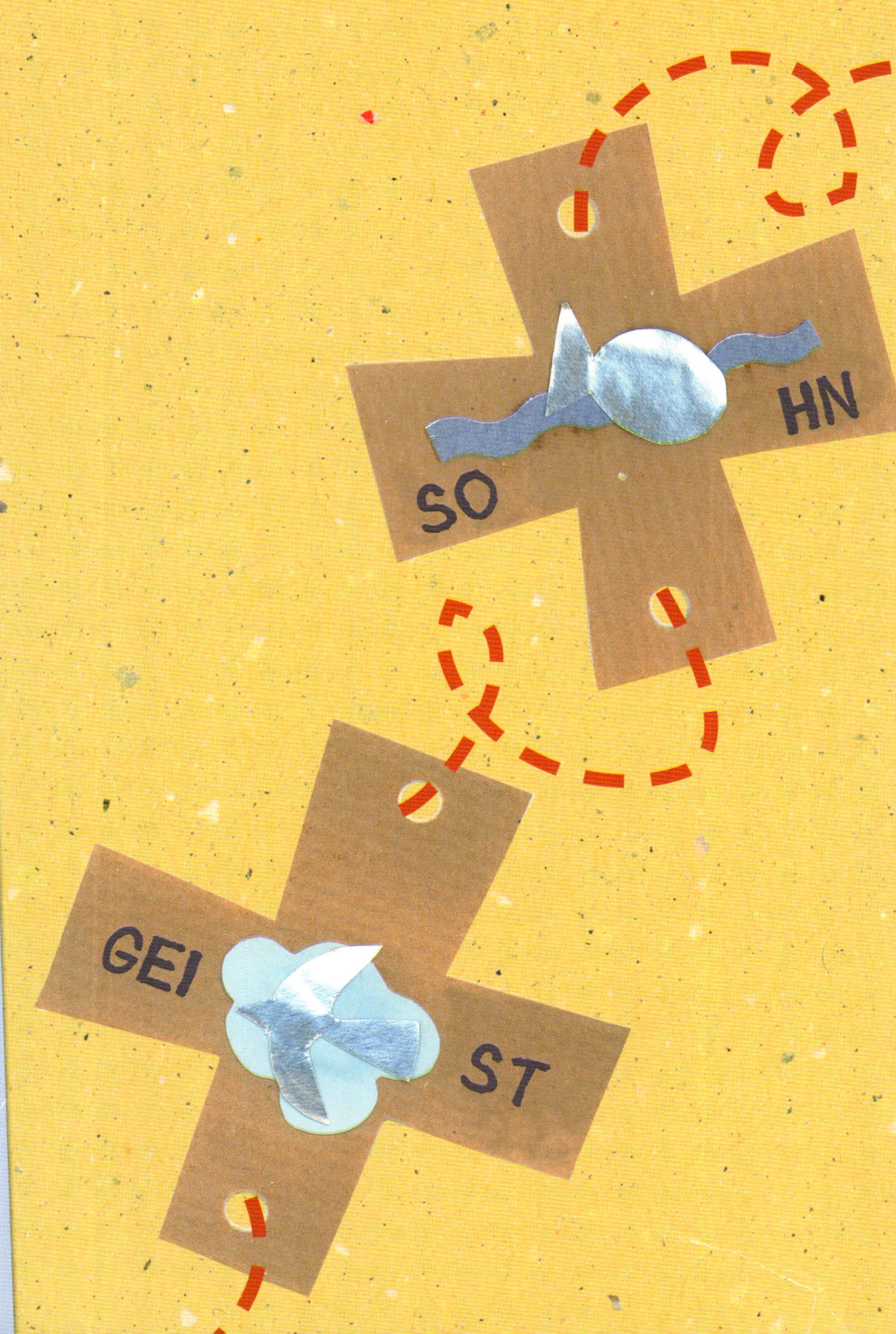

SO HN

GEI ST

VA TER

DER CHRIST-LICHE GLAUBE HAT DIE FORM DES KREUZES

Das Kreuzzeichen ist eine Geste, mit der sich die Christen erkennen und begrüßen. Es ist ein sehr altes Zeichen, das uns in der Taufe anvertraut wurde. Mit wenigen Worten drücken wir unseren ganzen Glauben aus.

IM GEHEIMEN

»Wenn das Weizenkorn nicht in die Erde fällt und stirbt, bleibt es allein; wenn es aber stirbt, bringt es reiche Frucht.«

Johannes 12,24

Jesus vergleicht seinen Tod am Kreuz mit einem Samen, der nur Freude schenken kann, wenn er stirbt. Das Kreuzzeichen erinnert uns daran, dass der Glaube eine ernste Angelegenheit ist, denn es handelt sich um unser Leben. Wenn wir das Kreuzzeichen machen, verpflichten wir uns, wie Jesus zu leben: Das heißt, ohne Einschränkungen zu lieben.

11

# VERGIBST DU MIR?

Bevor man sich an die Tafel zu Jesus setzt, muss man sich darauf vorbereiten. Man braucht ein reines Herz, das frei ist von bösen Gedanken. Wie kann man sein Herz davon befreien? Indem wir vergeben und Gott und die Menschen um Verzeihung bitten. Daher sagen wir: "Ich bekenne Gott, dem Allmächtigen, und allen Brüdern und Schwestern, dass ich Gutes unterlassen und Böses getan habe."

Die Vergebung ist eines der größten Geschenke, die wir bei der Taufe bekommen haben. **Jesus lehrt uns zu vergeben, indem er uns vergibt.** Wenn wir uns ehrlich und aufrichtig entschuldigen, lösen sich unsere Sünden auf wie der Schnee in der Sonne.

Die Vergebung kommt von der **BARMHERZIGKEIT GOTTES.** Diese Barmherzigkeit ist größer als das gesamte Universum.

Nur die Vergebung ermöglicht den Frieden und nur durch die Vergebung können wir als Brüder und Schwestern friedlich zusammenleben.

## Das Geschenk der Gemeinschaft

### DIE VERGE-BUNG MACHT ALLES WEISS WIE SCHNEE

Sich gemeinsam zu treffen ist ein freudiges Ereignis. Aber deine Freude kann durch Neid, Zorn oder Boshaftigkeit getrübt sein. Daher bitten wir um Vergebung.

## IM GEHEIMEN

>>Wie oft muss ich meinem Bruder vergeben?<< >>Nicht sieben Mal, sondern siebenund-siebzig Mal!<<
Matthäus 18, 21-22

Jesus' geheime Worte lehren uns, dass wir beim Verzeihen nicht kleinlich sein dürfen. Siebenund-siebzig Mal vergeben heißt immer vergeben. Denn so groß ist die Barmherzigkeit Gottes mit uns: Sie kennt keine Grenzen!

13

# WIR SINGEN MIT DEN ENGELN

Das **GLORIA** ist ein wunderschönes Lied, das nur bei Festen gesungen wird. Wenn man es allerdings mit einem traurigen Herzen singt, verliert es seine Schönheit. Ohne Freude können die Worte nicht hinauf in den Himmel fliegen.

Für die Christen ist jeder Sonntag ein Festtag. Deswegen singen sie bei der Messe gemeinsam das Gloria. So teilen sie ihre Freude miteinander und rufen sich zu, dass Jesus ganz nah bei den traurigen Menschen ist und sie tröstet.

Das Gloria ist ein feierliches Gebet, mit dem das Fest im Himmel und auf Erden eröffnet wird: **"Ehre sei Gott in der Höhe und Friede auf Erden den Menschen seiner Gnade."** Der Lobgesang erinnert uns, wie groß die Liebe Gottes zu den Menschen ist. Das sollte man nie vergessen! Es ist schön, dieses Gebet auswendig zu lernen, um es voll Dankbarkeit mitsingen zu können.

**GLORIA**

IM FESTGESANG WERDEN GESCHENKE ZWISCHEN HIMMEL UND ERDE AUSGETAUSCHT.

# Das Geschenk der Gemeinschaft

Das Gloria ist ein kirchlicher Jubelgesang. Die Christen preisen Gott und drücken ihre Dankbarkeit und Freude aus: Der Herr Jesus Christus ist mit ihnen!

## IM GEHEIMEN

Diese geheimen Worte stammen nicht von Jesus, sondern von den Engeln im Himmel über Betlehem, als Jesus zur Welt kam. Die Christen haben dieses Gebet also von den Engeln gelernt und jeden Sonntag verwenden wir es, um Gott mit den Worten der Engel zu loben.

Lukas 2,14

>>Verherrlicht ist Gott in der Höhe und auf Erden ist Friede bei den Menschen seiner Gnade.<<

FRIEDE

# WIR ÖFFNEN DAS BUCH

Die Christen haben die Stimme Gottes in einigen besonderen Worten erkannt. Diese Worte haben sie in einem Buch verewigt: der **BIBEL. Jedes Mal, wenn die Bibel geöffnet wird, spricht Gott zu den Menschen.**

Während der Messe werden wir eingeladen, uns die Weisheiten der Bibel anzuhören. Es ist nicht immer einfach, ihre genaue Bedeutung zu verstehen, denn sie spricht häufig von weit entfernten Orten und Menschen. Um uns das Verstehen zu erleichtern, erklärt uns der Pfarrer in der **PREDIGT** die Bedeutung der gelesenen Bibelstelle.

Die Lesungen der Messe laden uns ein, genau zuzuhören und die Worte Gottes in unserem Herzen aufzunehmen. Dem Wort Gottes zuzuhören bedeutet, Jesus zuzuhören, sein Freund zu werden und zu lernen, seine Stimme, die täglich in uns spricht, zu erkennen.

## DIE WORTE DER BIBEL RICHTEN SICH AN ALLE

Bereits in der Vergangenheit hat Gott zu den Menschen gesprochen und er spricht auch weiterhin zu uns. Er schenkt uns kostbare Worte. Sind Ohren und Herz bereit, diese Worte aufzunehmen?

### IM GEHEIMEN

>>Auf guten Boden ist der Samen bei denen gefallen, die das Wort hören und daran festhalten.<<

Lukas 8,15

Jesus erklärt uns, dass seine Worte wie kleine Samen sind. Man kann sie leicht verlieren. Oder aber man pflanzt sie ins Erdreich und wartet, bis sie aufgehen und Frucht bringen. Die Worte von Jesus sind ein lebendiges Geschenk auf der Suche nach einem Herzen, in dem sie ein Zuhause finden.

# WIR LERNEN DAS LEBEN VON JESUS KENNEN

Wenn wir einen neuen Freund kennenlernen, fragen wir ihn sofort, wie er heißt, wo er wohnt, wo er zur Schule geht und was er gerne spielt. **Jesus möchte unser Freund sein und deshalb hinterließ er uns das Evangelium.** Dank des Evangeliums können wir ihn kennenlernen und entdecken, dass er sich in unserem Herzen befindet.

Das **EVANGELIUM** erzählt auch von Maria, Jesus' Mutter, und von Josef, ihrem Ehemann. Es erinnert an die Freunde von Jesus und daran, was Jesus ihnen sagte, um ihnen die Liebe Gottes zu erklären. Das Evangelium erzählt von allen seinen guten Taten und Werken.

Das Evangelium hilft uns, Jesus zu begegnen, genauso wie wir ihn auch im Brot der Eucharistiefeier treffen werden. Sein Wort und sein Leib gehören zusammen, sind Teile des einzigartigen Geschenks, das er allen Menschen anbietet.

Beim Evangelium stehen wir auf und am Ende sagen wir voll Dankbarkeit: "Lob sei dir, Christus."

# Das Geschenk des Wortes

JESUS SCHENKT UNS
SEIN WORT
UND SEIN BROT.

Von allen Lesungen eines Gottesdienstes ist das Evangelium die wichtigste. Bevor es vorgetragen wird, singen wir: Halleluja.

## IM GEHEIMEN

>>Ich habe euch ein Bei-
spiel gegeben, damit auch
ihr so handelt, wie ich
an euch gehandelt habe.<<

Johannes 13,15

Die geheimen Worte zeigen uns,
was wir von Jesus lernen können.
Es sind vor allem die Taten der
Liebe: sich um kranke und einsame
Menschen kümmern, den Armen helfen oder den Hungernden zu essen
geben. Wie Jesus das gemacht hat,
steht im Evangelium.

# WIR BEKENNEN UNSEREN GLAUBEN

DER GLAUBE AN GOTT BRINGT UNS DEM HIMMEL NÄHER.

Das **GLAUBENSBEKENNTNIS** ist ein sehr alter Text. Die Apostel haben ihn verfasst, **um der ganzen Welt ihren Glauben zu verkünden.** Die Apostel sind Jesus treu gefolgt und haben seinen Tod und seine Auferstehung miterlebt. Wer dieses Bekenntnis der Apostel mitspricht, gehört zur Gemeinschaft von Jesus.

Im Glaubensbekenntnis preisen wir **Gott Vater,** wir erinnern uns an das große Geschenk von **Jesus** und bekennen uns zu seiner Gemeinschaft, der **Kirche.**

Dein erstes Glaubensbekenntnis hast du bei der **Taufe** abgelegt. Deine Eltern haben es damals für dich gesprochen. Bei der Taufe hat dir die christliche Gemeinschaft den Glauben an Jesus Christus anvertraut. Und jedes Mal, wenn du das Gebet sprichst, erneuerst du diesen Glauben.

ICH GLAUBE

# Das Geschenk des Wortes

AN GOTT

Gemeinsam bekennen wir unseren Glauben mit dem Glaubensbekenntnis. Nachdem wir das Wort Gottes gehört haben, verkünden wir: "Wir glauben an das, was wir gehört haben."

IM GEHEIMEN

Jesus fragt jeden von uns, was wir über ihn denken. Petrus antwortet stellvertretend für alle Christen: Du bist der Sohn Gottes. Jesus ist der Christus, das heißt der Gesalbte Gottes – und er ist auch unser Bruder. Wir glauben daran, dass er ein Stück Himmel und ein Stück Erde ist.

Lukas 9,20

>>Ihr aber, für wen haltet ihr mich?<< – >>Für den Messias Gottes.<<

# WIR BETEN FÜR ALLE

**Die Christen beten für die ganze Welt.** Wenn wir uns versammeln, dürfen wir nie unsere Brüder und Schwestern vergessen, die weit weg sind und unsere Hilfe brauchen. Gott liebt alle Menschen und möchte, dass auch wir das tun. Bei den **FÜRBITTEN** entdecken wir, dass die Liebe Gottes keine Grenzen kennt – und unsere auch keine kennen sollte!

Wir beten gemeinsam für große Dinge wie **Frieden und Gerechtigkeit**, aber auch für kleinere Dinge wie zum Beispiel für einen schönen Tag oder das Gelingen eines Vorhabens. Alle Gebete erreichen Gott und er erhört sie nach seiner Weisheit.

Beim Beten lernen wir nach dem Guten zu streben und auf das Schlechte, Nutzlose und Unsinnige zu verzichten. Insbesondere beten wir **für unsere Familie und für unsere Freunde, aber auch für unsere Feinde,** wie es im Evangelium steht.

JEDES GEBET STEIGT IN DEN HIMMEL HINAUF

An einem bestimmten Moment der Messe vereinen sich die Anliegen, die jeder im Herzen trägt, zu einer einzigen Bitte. Das ist das "allgemeine Gebet" aller Gläubigen, die Fürbitten.

### IM GEHEIMEN

>>Wenn ihr in mir bleibt und wenn meine Worte in euch bleiben, dann bittet um alles, was ihr wollt: Ihr werdet es erhalten.<<

Johannes 15,7

Diese Worte von Jesus sind rätselhaft: Was kann "in ihm bleiben" bedeuten? Es heißt, seine Freunde zu sein. Wer ein Freund von Jesus ist, hört seinen Worten aufmerksam zu, versucht danach zu leben – und kann alle seine Wünsche Gott anvertrauen.

23

# WIR BRINGEN UNSERE GESCHENKE

Bei der **GABENBEREITUNG** bringen wir Brot und Wein an den Altar: die "**Früchte der Erde und der menschlichen Arbeit**", das heißt: Gott hat die Trauben und das Korn wachsen lassen und Menschen haben daraus Wein und Brot gemacht.

Wenn diese Geschenke dem Herrn und allen Gläubigen gezeigt werden, ist das ein sehr freudiger Moment. Wir denken an Gott und sagen: "**Gepriesen bist du in Ewigkeit, Herr, unser Gott.**"

Bei der Gabenbereitung denken wir aber auch an die armen Menschen. Wer hat ihnen bloß die Geschenke genommen, die der Herr für sie vorbereitet hatte? Sind wir bereit, unseren Besitz mit ihnen zu teilen?

# Das Geschenk der Kommunion

Wir bereiten den Altar und decken den Tisch mit unseren Geschenken. Brot und Wein sind Geschenke des Himmels und der Erde.

JEDER BRINGT ETWAS MIT – EGAL OB VIEL ODER WENIG

## IM GEHEIMEN

>>Wie viele Brote habt ihr? Geht und seht nach!<<

Markus 6,38

Diese geheimen Worte hat Jesus bei der wundersamen Brotvermehrung gesprochen. Die Jünger wissen nicht, wie sie den Hunger der vielen Menschen, die dem Herrn gefolgt sind, stillen sollen. Sie wollen die Menschen wegschicken. Aber Jesus sagt: Schau zuerst in deinen Taschen nach, bevor du sagst, dass du nichts zum Teilen hast!

# WIR LOBEN DICH

Wir sitzen um den Altar. Nachdem wir uns begrüßt und einander vergeben haben, nachdem wir gemeinsam gebetet und das Wort Gottes gehört haben, **sind wir nun für sein Festmahl bereit.**

Wir danken für die Gaben und sind froh, dass wir so reich beschenkt wurden. **Wir bitten den Herrn, dass er uns und unsere Gaben segne.**

Dann singen wir: HEILIG, HEILIG! Die Worte dieses Liedes steigen tanzend zum Himmel hinauf. Sie verkünden die Güte, Herrlichkeit und Macht Gottes, im Himmel und auch auf Erden. Im Heilig-Lied singen wir HOSANNA. Was soll das heißen? Hosanna ist ein sehr altes Wort und bedeutet: Komm, um uns zu retten; lass uns nicht alleine. So rufen wir den Herrn in unsere Mitte.

Nach dem Heilig-Lied knien wir uns nieder und es wird ganz still. In Kürze wird das Geschenk kommen.

HEILIG

DIE GANZE SCHÖPFUNG PREIST DIE GRÖSSE GOTTES

# Das Geschenk der Kommunion

Die Engel, die sich ganz nah bei Gott aufhalten, haben den Christen das Heilig-Lied gelernt. Bevor wir uns in Jesus' Geschenk vertiefen, singen wir gemeinsam dieses besondere Lied.

## IM GEHEIMEN

>>Ich preise dich, Vater, Herr des Himmels und der Erde, weil du all das den Unmündigen offenbart hast!<<

Matthäus 11,25

Jesus verrät uns, dass auch Gott Vater Dinge im Geheimen sagt. Wer zu stolz auf seine Klugheit ist, übersieht das Gute in den kleinen Dingen. Wer kann Gott in einem Stück Brot und einem Schluck Wein begegnen? Nur jemand, der bescheiden ist und den Wert der einfachen Dinge zu schätzen weiß.

# SCHENKE UNS DEINEN GEIST

RAT

GEIST

WEISHEIT

Der **HEILIGE GEIST** bringt den Menschen sehr wertvolle Geschenke, Geschenke, die man nicht einmal mit allem Gold der Welt kaufen kann. **Er schenkt uns Liebe, Freude, Friede, Geduld, Nachsicht, Güte, Treue, Sanftmut und Selbstbeherrschung.**

Wie das der Heilige Geist macht, kann man nicht sehen, aber er ist es, der Verbindung hält zwischen dem Himmel und der Erde.

An **PFINGSTEN** hat Jesus der Kirche den Heiligen Geist geschenkt. Ohne ihn könnten wir die Worte des Herrn nicht verstehen und wir könnten Jesus nicht in einem Stück Brot wiedererkennen.

**Der Heilige Geist ist die Brücke zwischen Gott und den Menschen. Er macht uns zu Kindern Gottes und untereinander zu Geschwistern.**

# Das Geschenk der Kommunion

Das Geschenk, das Jesus uns gleich machen wird, braucht die starke Anwesenheit des Heiligen Geistes. Er heiligt und schafft die Gemeinschaft mit Jesus und den anderen Menschen.

GOTTES-FURCHT

WISSEN

STÄRKE

FRÖMMIGKEIT

SIEBEN GESCHENKE HAT DER HEILIGE GEIST FÜR UNS

## IM GEHEIMEN

Jesus nennt den Heiligen Geist „Beistand", weil er uns immer beistehen soll, um uns zu trösten und um uns Mut, Vertrauen und Frieden zu schenken. Der Heilige Geist ist selbst ein Geschenk von Gott – und jeden Tag bringt er uns selbst neue Geschenke.

Johannes 14,16

>>Ich werde den Vater bitten und er wird euch einen anderen Beistand geben, der für immer bei euch bleiben soll.<<

# DAS IST DER LEIB CHRISTI

Das Brot, das wir an den Altar gebracht haben, wird bei der **WANDLUNG** der Leib Christi. Der Priester wiederholt **die Worte, die Jesus beim letzten Abendmahl gesprochen hat,** und diese bewirken ein Geheimnis: Wir sind beim Abendmahl dort in Jerusalem und Jesus ist hier bei uns, in unserer Kirche.

Das **BROT** wird am Altar gebrochen. Dieses Brechen des Brotes erinnert daran, dass **Jesus sein Leben für uns gegeben hat.** Und er hat gesagt: Niemand hat eine größere Liebe, als wer bereit ist, für seine Freunde zu sterben.

Jesus schenkt uns seinen Leib: Das ist das größte Geschenk, denn das ist er selbst. Und er sagt zu uns: **"Nehmt und esst alle davon!"**

# Das Geschenk der Kommunion

Jesus nimmt ein Stück Brot und sagt: "Das ist mein Leib, der für euch hingegeben wird."

JESUS IST DAS BROT FÜR ALLE

IM GEHEIMEN

>>Erinnert ihr euch nicht, dass ich die fünf Brote für die Fünftausend brach?<<

Markus 8,18-19

Jesus erinnert uns an seine Großzügigkeit. Wenn er mit nur fünf Broten den Hunger von 5000 Menschen stillen konnte, dann kann sein gesamter Leib noch viel mehr Hungernde ernähren. Jesus opfert sich, um die zu retten, die sich ihm anvertrauen.

# DAS IST DAS BLUT CHRISTI

Bei einem Fest trinken die Erwachsenen **WEIN.** Er verbreitet eine festliche und freudige Stimmung. Bei der Hochzeit zu Kana sorgte Jesus für den Wein, damit das Brautpaar weiter mit seinen Freunden feiern konnte. Jesus möchte, dass wir glücklich sind, deshalb schenkt er sich selbst als Wein, denn er ist die **Quelle aller Freude.** Jesus ist der Wein, der unser Herz erfreut und leicht macht. Er sagt zu uns: "**Nehmt und trinkt alle daraus!**"

Das **BLUT,** das durch unseren Körper fließt, hält uns am Leben. Deshalb nennt man Mord und Totschlag auch "Blutvergießen". Jesu Blut ist für uns vergossen worden, als er am Kreuz wie ein Verbrecher hingerichtet wurde. In der Messe gedenken wir seines Todes und der Schmerzen, die Jesus erleiden musste. In sein Leiden hat er alle Leiden dieser Welt mithineingenommen.

Jesus schenkt uns sein Blut: Das ist das größte Geschenk, denn es ist sein Leben, hingegeben für das Glück in unserem Herzen.

JESUS IST DER WEIN FÜR ALLE

32

# Das Geschenk der Kommunion

Der Wein in dem prachtvollen Kelch wird zum Blut von Jesus. Jesus hat am Kreuz sein Leben hingegeben für die Rettung der Welt.

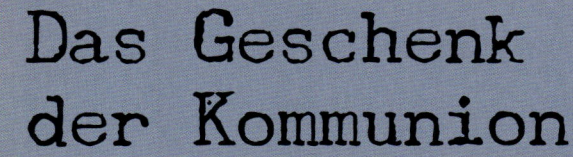

## IM GEHEIMEN

Der Kelch, von dem Jesus spricht, ist der Kelch des Leidens und des Todes. Niemandem wünscht Jesus, dass er leiden muss, aber trotzdem kann jedem Leid widerfahren. Wer mit Jesus verbunden bleibt, kann auch schwere Zeiten überstehen und gestärkt daraus hervorgehen.

Markus 10,39

>>Ihr werdet den Kelch trinken, den ich trinke.<<

33

# UNSERE ZUSTIMMUNG

Während der Wandlung von Brot und Wein in den Leib und das Blut Christi ist die Gemeinde still. Der Pfarrer hat die Worte des letzten Abendmahls wiederholt und für alle gebetet. Unser Herz und unser Geist sind voller Gedanken und Gefühle. Wie können wir sie mitteilen? Das einfache Wort **AMEN**, das am Ende gesprochen wird, kann alles ausdrücken.

Das Wort Amen ist sehr kurz, kaum länger als ein Lufthauch. Doch es drückt die Freude aus, die wir empfinden, wenn unsere Herzen vereint sind. **"Amen" heißt: Ich glaube.** Ja, ich glaube, dass das der Leib und das Blut Christi sind. Ja, ich bin beim Herrn.

Der Pfarrer hält Brot und Wein in die Höhe und zeigt sie den Anwesenden. Brot und Wein befinden sich nun zwischen Himmel und Erde. Sie sind das große Geschenk von Jesus, das wir schon bald empfangen werden.

„AMEN" HEISST:
„JA, ICH GLAUBE"

Brot und Wein stehen auf dem Altar. Sie werden uns gezeigt und wir antworten glücklich: "Amen".

IM GEHEIMEN

>>Wenn jemand mich liebt, wird er an meinem Wort festhalten; mein Vater wird ihn lieben und wir werden zu ihm kommen und bei ihm wohnen.<<

Johannes 14,23

Jesus zeigt uns sein Geschenk. Es kommt von ihm selbst, von Gott Vater und vom Heiligen Geist. Gott kommt, um in unseren Herzen zu wohnen. Wenn wir feierlich Amen sagen, sagen wir Gott, dass wir ihn lieben und dass wir von ihm lernen wollen, mit allen Menschen wie mit Geschwistern harmonisch zusammenzuleben.

# VATER UNSER

DAS HAUS GOTTES IST IM HIMMEL UND AUCH HIER AUF ERDEN

Jesus hat uns gelehrt, dass Gott Vater im Himmel lebt. Wir beten: "Vater unser im Himmel" und der Pfarrer streckt für uns alle seine Hände Gott entgegen. Gott hat die Welt und jedes Geschöpf wunderschön erschaffen. Das Gebet ermöglicht uns Kindern Gottes, im Haus unseres Vaters zu wohnen.

Vom Himmel bekommen wir kostbare Geschenke wie Sonne, Regen und Schnee, Wind und Wolken. Im Gebet drücken wir unser Vertrauen zu Gott aus. Wir öffnen die Arme, um jedes seiner Geschenke empfangen zu können. **Wir leben dank des Himmels, der uns beschützt, und dank der Erde, die uns trägt.**

Der Vater von Jesus ist der Vater von uns allen und er wünscht sich Frieden und Eintracht für alle Menschen. Wenn wir das VATER UNSER beten, verpflichten wir uns, als Geschwister zusammenzuleben und uns gern zu haben, so wie es uns Jesus vorgelebt hat.

# Das Geschenk der Kommunion

Das Vater Unser ist das Gebet der Kinder Gottes. Wir nehmen uns an den Händen und zeigen, dass wir Geschwister sind.

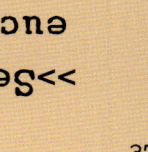

## IM GEHEIMEN

>>Segnet die, die euch verfluchen; betet für die, die euch misshandeln!<<

Lukas 6,28

So wie Jesus seinen Mördern vergeben hat, dürfen auch wir, als Kinder Gottes, Gewalt nicht mit Gewalt bekämpfen. Wir müssen versuchen, den Frieden durch Vergebung, Beten und Erbarmen aufzubauen. Ein friedliches und geschwisterliches Zusammenleben entsteht nicht durch Gewalt und Waffen, sondern durch ein großzügiges Herz.

# DER FRIEDE SEI MIT DIR

Am Anfang der Messe haben wir Gott und unsere Geschwister für alle unsere Fehler um Vergebung gebeten. Nun setzen wir uns für den Frieden zwischen uns und auf der ganzen Welt ein.

Vor dem **FRIEDENSGRUSS** gibt es noch ein Gebet, in dem wir bitten, als Geschwister harmonisch zusammenleben zu können. Die Christen wissen genau, dass sie nichts Gutes vollbringen können, wenn der Herr nicht bei ihnen ist. Der Friede ist das Geschenk, das Jesus als der Auferstandene seinen Jüngern machte, denn der Frieden überwindet Hass, Angst und Misstrauen.

Der Friede unter den Geschwistern ist die Voraussetzung für die Kommunion, die wir gleich empfangen werden. Er ist ein **Geschenk des Himmels** für die ganze Welt. Den Frieden müssen aber auch alle Menschen, die guten Willens sind, gemeinsam aufbauen.

**Wir geben unseren Sitznachbarn die Hand,** schauen ihnen in die Augen und sagen: "Der Friede sei mit dir." Beim Mahl des Herrn wird niemand ausgeschlossen. Mit großer Freude geben wir auch unseren Eltern die Hand, damit in unserer Familie Frieden herrscht!

GERECHTIGKEIT
ERMÖGLICHT
DEN FRIEDEN

# Das Geschenk der Kommunion

Alle Anwesenden sprechen gemeinsam den Friedensgruß und vollbringen Gesten des Friedens. Sie geben sich die Hand, um zu lernen, es jeden Tag zu tun.

>>Geh und versöhne dich zuerst mit deinem Bruder, dann komm und opfere deine Gabe!<<

Matthäus 5,24

Jesus vertraut uns an, dass es ohne die Gemeinschaft unter den Menschen keine Gemeinschaft mit Gott gibt. Wie können wir mit Jesus feiern, wenn unser Herz voll Zorn, Gewissensbissen, Eifersucht oder Eigenliebe ist? Schlechte Gefühle verhindern nämlich den Frieden in unserem Herzen und lassen die schönen Worte des Dankes und der Vergebung schnell vergessen.

# DAS LAMM GOTTES FÜHRT UNS

Das Brot auf dem Altar ist so weiß wie ein Lamm, das sein Fell beim Herumlaufen auf der Weide noch nicht beschmutzt hat. **Jesus ist das Lamm.** Das Lamm ist Zeichen für Zartheit und unendliche Güte.

Unsere Bitten an das **LAMM GOTTES** sind Gebete an Jesus. Wenn wir uns dem Altar nähern, um seinen Leib zu essen, fühlen wir uns als Sünder. Wir denken, dass wir seiner Geschenke nicht würdig sind. Deshalb sprechen wir gemeinsam: **"Lamm Gottes, du nimmst hinweg die Sünde der Welt, erbarme dich unser."**

Das Lamm ist das sanftmütigste Tier der Schöpfung. Jesus ist das Lamm, das durch die Gewalt der Menschen getötet wurde. Seine Liebe ist riesengroß und mutig, denn sie befreit uns von der Rücksichtslosigkeit und Gewalt der Menschen.

**Jesus ist unser Hirte und wir sind seine Schäfchen.** Er füttert uns, sorgt sich um uns und lässt uns nie alleine. Wenn wir uns in der dunklen Nacht verirren, sucht er uns so lange, bis er uns findet.

WIR FOLGEN JESUS, DEM LAMM GOTTES

# Das Geschenk der Kommunion

Jesus ist das Lamm Gottes. Seine Gegenwart schenkt Friede und Güte, sein Opfer erfüllt uns mit Freude und Dankbarkeit.

## IM GEHEIMEN

>>Lernt von mir; denn ich bin gütig und von Herzen demütig: so werdet ihr Ruhe finden für eure Seele.<<

Matthäus 11,29

Jesus sagt uns im Geheimen, dass die Sanftmut eine kluge Art ist, nach der man leben soll. Es ist die Art und Weise, wie Jesus gelebt hat. Sanftmütig bedeutet nicht, dumm oder oberflächlich zu sein. Es bedeutet den anderen gegenüber aufmerksam zu sein und sich für das Gute einzusetzen. Wer sanftmütig ist, verweigert jede Form von Gewalt. Durch die Sanftmut erkennt man, dass auch die kleinen Dinge wertvoll sind. Oft sind sie sogar viel kostbarer als die großen Dinge!

# WIR ESSEN GEMEINSAM

Der Weg, den wir gemeinsam gegangen sind, um uns in der Kirche zu versammeln und die heilige Messe zu feiern, ist fast an seinem Ziel angelangt: der **Begegnung mit Jesus.**

Zusammen mit unseren Schwestern und Brüdern haben wir bereits gebetet, gesungen und dem Wort Gottes zugehört. Jetzt stellen wir uns alle in einer Reihe auf, um das Brot, den Leib Christi, zu empfangen. Langsam nähern wir uns dem Pfarrer und öffnen unsere Hände und unseren Mund, um Jesus zum Geschenk zu bekommen.

Das gebrochene Brot und der vergossene Wein werden unter den Anwesenden verteilt. Jesus gibt sich allen hin, und wer sich Jesus schenkt, wird eins mit ihm. **Das ist das Geheimnis der Kommunion, des Sakraments der Gemeinschaft.**

Jesus ist jetzt im Herzen eines jeden und wir können vertrauensvoll mit ihm reden. Die Stille und der Gesang sagen **DANKE** für seine sanfte Anwesenheit.

JESUS VERBINDET HIMMEL UND ERDE

# Das Geschenk der Kommunion

Alle Anwesenden sind ein-geladen, am Mahl, das Jesus mit seinem Leib und seinem Blut bereitet hat, teilzunehmen. Glücklich gehen wir an den Altar, um mit ihm zu essen.

## IM GEHEIMEN

>>Ich aber bin unter euch wie der, der bedient.<<

Lukas 22,27

Dieses Wort von Jesus verrät uns, dass das Geheimnis der Ge-meinschaft die Liebe ist. Wir können nur dann wie Geschwister zusammenleben, wenn wir es mit unseren Worten und Taten gut meinen, nicht nur am Sonntag, sondern auch an allen anderen Tagen der Woche, in der Familie, in der Schule und in der Frei-zeit. Jesus zeigt uns, dass die Nächstenliebe Dienen, Höflich-keit und Aufmerksamkeit in den kleinen Dingen bedeutet.

# KOMMUNION HEISST GEMEINSCHAFT

**Jesus ist hier.** Er ist das Geschenk des Himmels und lebt nun wieder auf der Erde, weil er in unseren Herzen ein Zuhause gefunden hat. Ein Stück Himmel ist nun in dir, um jeden deiner Gedanken und jedes deiner Worte mit Gottes Güte zu erfüllen.

Während der Messe haben wir schon vieles gehört. Manche Worte haben wir bereits wieder vergessen, an andere können wir uns noch gut erinnern. Einige Worte haben dein Herz berührt: Jetzt kannst du Jesus davon erzählen.

Bei der Messe hast du gelernt, Gebete an Gott zu richten: Er ist bereit, sich unsere Bitten anzuhören und sie zu erfüllen. **Bitte jetzt im Inneren deines Herzens um die wirklich wichtigen Dinge.** Das Gebet ist zwar kein Zauberspruch, aber es macht Jesus zu deinem Verbündeten.

IN DEINEM HERZEN HAT JESUS EIN ZUHAUSE GEFUNDEN

## Das Geschenk der Kommunion

Mit geschlossenen Augen kann man sich gut mit Jesus unterhalten. Was du mit ihm besprichst, das wissen nur du und er. Diese Worte drücken eure tiefe Freundschaft aus.

### IM GEHEIMEN

>>Wer mein Fleisch isst und mein Blut trinkt, der bleibt in mir und ich bleibe in ihm.<<

Johannes 6,56

Diese Worte von Jesus sind ein Geheimnis, das wir in unserem Herzen bewahren. Was er uns versprochen hat, als er uns zur Messe eingeladen hat, hat er eingehalten: Jesus ist hier, in unserem Inneren! Brot und Wein sind zu Fleisch und Blut geworden, und wer am Mahl teilnimmt, lebt in Jesus – und Jesus lebt in ihm.

45

# WIR SIND GESEGNET

Die Messe endet mit der Segnung aller Anwesenden. Alles, was wir gemeinsam gemacht und erlebt haben, war eine wunderschöne Sache. Die Worte des Pfarrers erinnern uns noch einmal daran.

Um den Segen zu erhalten, stehen wir auf oder knien uns nieder. So kann der Herr **seine Hand auf unseren Kopf legen und uns seinen Geist schenken**. Wir erkennen, wie klein wir sind und wie sehr wir seine Hilfe brauchen.

Der abschließende **SEGEN** bereitet uns darauf vor, die Kirche zu verlassen. Draußen wartet die Welt auf uns, die Gott uns geschenkt hat, damit wir uns um sie kümmern. Der Segen gibt uns die Kraft, diese Welt zu lieben, auch dann, wenn sie fehlerhaft und verwirrend erscheint.

DIE CHRISTEN BRINGEN GOTTES SEGEN DER GESAMTEN SCHÖPFUNG.

# Das Geschenk des Lebens

Die Messe geht dem Ende zu. Es gibt noch ein letztes gutes Wort, das uns geschenkt wird und das uns die gesamte Woche über begleiten wird. Der größte Segen ist, dass Jesus mit uns ist.

## IM GEHEIMEN

>>Dein Glaube hat dir geholfen. Geh in Frieden!<<

Lukas 7,50

Jesus' geheime Worte laden uns ein, friedlich in die Welt hinaus zu gehen. Sein Segen, der vom Himmel herabkommt, trifft auf unseren Glauben, der auf der Erde entsteht, und rettet uns. Die Erlösung, die Jesus uns durch sich selbst schenkt, ist ein wertvoller Schatz, den wir mit anderen teilen sollen.

# WIR VERLASSEN GEMEINSAM DIE KIRCHE

Wenn die Messe zu Ende ist, geht jeder wieder seinen gewohnten Tätigkeiten nach. Einige haben es eilig, andere bringen die Kirche wieder in Ordnung. Einige plaudern kurz mit den anderen, wieder andere spielen mit ihren Freunden. Nach dem Gottesdienst ist es schön, wenn man noch kurz stehen bleibt und sich begrüßt: Jeder erkennt Jesus in seinen Geschwistern wieder.

Die Begegnung mit Jesus hat unser Herz verändert. **Unter den Gläubigen bleibt seine Anwesenheit spürbar:** Jesus können wir nicht einfach vergessen!

Die Gemeinschaft der Christen wächst auch nach der Messe weiter. Wenn man einem armen Menschen hilft, wenn man einem Hungernden zu essen gibt, wenn man vergibt oder wenn man zum Frieden beiträgt. Sie wächst auch, wenn man seiner Familie etwas Gutes tut. Die Gemeinschaft mit Jesus und unter den Geschwistern ist ein Geschenk, das niemals endet.

Jesus ist jeden Tag bei seinen Freunden, doch am Sonntag erwartet er uns in der Kirche.

## DIE WEGE TRENNEN SICH, ABER DIE GEMEINSCHAFT IN JESUS BLEIBT

# Das Geschenk des Lebens

Der Gottesdienst ist zu Ende und die Gemeinde löst sich auf. Aber die Gemeinschaft mit Jesus geht vor der Kirche weiter, wenn wir miteinander ins Gespräch kommen.

**IM GEHEIMEN**

Dieses Wort von Jesus ist ein Versprechen an die Christen. Jeden Tag ist Jesus seinen Freunden nah, egal wo sie sind oder was sie gerade tun. Auch wenn es dunkel ist, wenn wir Angst haben oder wenn wir traurig sind, wissen wir genau, dass wir nicht alleine sind. Wir wissen, dass im Innersten unseres Herzens Jesus ist, der es gut mit uns meint.

>>Seid gewiss: Ich bin bei euch alle Tage bis zum Ende der Welt.<<

Matthäus 28,20

# WIR KEHREN NACH HAUSE ZURÜCK

Wenn wir nach der Messe nach Hause zurückkommen, haben wir eine wichtige Aufgabe zu erfüllen: Wir sollen **den Menschen den Frieden bringen**. Der Friede, den wir von Jesus erbeten haben und den er uns auch geschenkt hat, muss geteilt werden. Der Friede ist ein Geschenk, das unseren Weg säumen soll.

Was heißt eigentlich "den Frieden bringen"? Es bedeutet, nichts Schlechtes zu sagen, auch wenn man gereizt wird. Es bedeutet, nicht zu lügen, anderen gegenüber nicht boshaft zu sein und sich immer zu bemühen, das Gute im Menschen zu sehen. Wer den Frieden bringt, bringt Jesus. **Jesus ist der Friede** – und auch die Freude, die noch größer wird, wenn man sie mit jemandem teilt.

Wenn wir daheim in den Spiegel schauen, sehen wir keine Veränderung: Wir sind immer noch dieselben wie vor dem Gottesdienst. Wenn wir uns aber tief in die Augen schauen, entdecken wir einen leuchtenden Punkt. Es ist das Licht des Heiligen Geistes, der uns immer begleitet.

ENTLANG DES WEGES SÄEN WIR NEUES LEBEN

# Das Geschenk des Lebens

Wenn wir nach der Messe heimgehen, ist unser Gang leichter: Ein Stück Himmel ist in unser Herz gekommen und hat es verändert.

## IM GEHEIMEN

>>Ihr seid das Salz der Erde.<<

Matthäus 5,13

Jesus sagt uns, wie wertvoll wir sind. Wir sind so kostbar wie das Salz, das dem Leben seine Würze verleiht. Ohne Würze wäre das Leben langweilig und eintönig. Jesus meint, dass wir wie das Salz sind, denn wir können die Welt verändern und sie besser und schöner machen. Das ist der Wunsch Gottes und auch der von allen Christen.

51

# JEDER TAG DEINES LEBENS

Das Geschenk von Jesus ist wie ein kleiner Samen: Er braucht viel Zeit und Pflege, um zu wachsen und zu gedeihen. Diese Pflege ist das **GEBET.** Jeden Morgen und jeden Abend kannst du Gott für alle seine Geschenke danken und ihn um Vergebung für deine Fehler bitten.

**Das Gebet entsteht im Herzen** und man braucht dafür nicht viele Worte. Wenn wir beim Beten ehrlich sind und Jesus wirklich begegnen wollen, dann bleibt sein Geschenk in uns lebendig. Jesus hat sein Brot mit uns geteilt. Jetzt können wir unser Brot mit anderen teilen. Das Brot steht für alles, das wir besitzen: Wir können uns entscheiden, es für uns zu behalten oder es mit jemandem zu teilen, der arm, einsam, krank oder unglücklich ist.

**IM GEBET ÖFFNEST DU DEIN HAUS FÜR DIE LIEBE JESU**

# Das Geschenk des Lebens

In der Messe haben wir das Geschenk von Jesus bekommen: seinen Leib und sein Blut. Wenn wir beten, bleibt sein Geschenk in uns lebendig.

IM GEHEIMEN

>>Heute ist diesem Haus das Heil geschenkt worden.<<

Lukas 19,9

Jesus verrät, dass er hier in unserem Haus ist. Wir haben ihn durch unsere Gebete und unsere guten Taten eingeladen und ihm in unserem Herzen einen Ehrenplatz bereitet. Jesus lebt mit unserer Familie in unserem Haus und bringt frischen Wind zu uns: Es ist sein Geist, der uns Frieden, Freude und Harmonie schenkt.

# FÜR DIE BEGLEITER DER KINDER

## DIESES BUCH MÖCHTE KINDERN HELFEN, DIE HEILIGE MESSE KENNENZULERNEN, UND SIE DABEI BEGLEITEN.

Das Buch ist nicht dafür gedacht, *während* der Messe benutzt zu werden, sondern davor oder danach. Es kann in der Vorbereitung auf die Erstkommunion eingesetzt werden, will aber kein Schnellkurs sein, sondern **ein Buch, das auch nach der Erstkommunion immer wieder zur Hand genommen werden kann:** Die Kinder können darin immer wieder etwas Neues entdecken, genauso wie in der Liturgie selbst. Auch diese regt immer wieder aufs Neue zum Nachdenken an und sie muss vor allem erlebt werden, damit man sich ihrem Geheimnis nähern kann. Die Messe ist eine ständige spirituelle Suche. Trotz der Wiederholung von Gesten und Worten kann niemand behaupten, angekommen zu sein, jeder befindet sich auf dem Weg. Das gilt es auch den Kindern zu vermitteln: Mit der Erstkommunion ist nicht ein Ziel erreicht, sondern ein wichtiger Schritt gesetzt auf einem Weg.

Wer die Kinder zur Messe begleitet und ihnen hilft, die Worte und Gesten zu verstehen, sollte versuchen, ihnen zu vermitteln: **Die Messe hat mit dir zu tun!** Die Kinder sind in der Kirche, weil Jesus sie persönlich eingeladen hat, weil er sie beim Namen gerufen hat. Jedes Kind ist in seiner Einzigartigkeit eingeladen, an der Messe teilzunehmen. Den Sonntagsgottesdienst feiern heißt, mit Leib und Seele dabei zu sein, mit der "Ernte" der ganzen Woche, egal wie sie ausgefallen ist. Die Kinder sollen ihr Leben auf den Altar legen und sich vom Wort Gottes persönlich berühren lassen.

Das Buch folgt Schritt für Schritt dem Ablauf der Messe und versucht die Vielzahl von Symbolen und Worten zu erschließen, die im Gottesdienst vorkommen. Ein besonderes Augenmerk haben wir dabei auf die so genannten "geheimen Worte" gelegt, **das sind Bibelstellen, die sich hinter liturgischen Gebeten und Gesten verbergen.** Da und dort gehen wir auch auf vermeintlich nebensächliche, manchmal vernachlässigte Aspekte ein, wo diese eine Brücke ermöglichen zum Alltag der Kinder oder zur kindlichen Vorstellungswelt.

Große Aufmerksamkeit wurde auch der **Verbindung zwischen spirituellem und moralischem Leben** geschenkt. In der Eucharistiefeier finden diese beiden Pole der christlichen Existenz eine wirkungsvolle Verbindung. Das beginnt beim Schuldbekenntnis, ist offensichtlich in den Lesungen, bei Predigt und Fürbitten, und die zentrale Symbolhandlung des Brotbrechens vereint den Aufruf zur Solidarität, sprich das Brot mit den Armen und Hungernden zu teilen, mit dem Dank für Gottes Schöpfung und dem Opfer Jesu für die Menschen. **Das Gebet ist eine Form der Nächstenliebe, so wie die Nächstenliebe Gottesdienst ist.** In der Messe lernt die Gemeinschaft, dass es keine Hierarchie gibt zwischen Kontemplation und Aktion, zwischen Beten und dem Vollbringen guter Taten, weil beides, in rechter Weise gelebt, das Reich Gottes aufbaut.

Eine letzte Anmerkung: Die **gemeinschaftliche Dimension** ist unglaublich wichtig bei der Hinführung der Kinder zur heiligen Messe. Das beginnt bei den **Eltern:** Die Kind werden sich kaum für den wöchentlichen Gottesdienst begeistern, wenn ihn die Eltern nicht mit ihnen besuchen. Aber **die gesamte Gemeinde** hat die Aufgabe, die Kinder miteinzubeziehen, sie ins Zentrum zu stellen. Das heißt nicht, dass jeder Sonntagsgottesdienst als Kinderliturgie gestaltet sein muss, aber immer sollten die Kinder eigens angesprochen werden. Die Erwachsenen der Gemeinde sollen den Kindern zeigen, dass sie willkommen sind in der Gemeinschaft, die Jesus versammelt hat.

## Das Geschenk der Gemeinschaft

DIE ERÖFFNUNG

## Das Geschenk des Wortes

DER WORTGOTTESDIENST

## Das Geschenk der Kommunion

DIE EUCHARISTIEFEIER

## Das Geschenk des Lebens

SEGEN UND ENTLASSUNG

# INHALT

**\* FÜR DIE BEGLEITER DER KINDER**